DELEGANDO PARA VENCER

Um Plano de Ação para o Futuro

Técnicas comprovadas para o aperfeiçoamento
do desempenho dos funcionários

Tradução
Nilza Freire

ROBERT B. MADDUX

DELEGANDO PARA VENCER

Um Plano de Ação para o Futuro

Técnicas comprovadas para o aperfeiçoamento
do desempenho dos funcionários

Copyright© 2001 by Crisp Publication, Inc.

Todos os direitos desta edição reservados à Qualitymark Editora Ltda.
É proibida a duplicação ou reprodução deste volume, ou parte do mesmo,
sob qualquer meio, sem autorização expressa da Editora.

Direção Editorial SAIDUL RAHMAN MAHOMED editor@qualitymark.com.br	Produção Editorial EQUIPE QUALITYMARK
Capa WILSON COTRIM	Editoração Eletrônica CENTROGRAPH

CIP-Brasil. Catalogação-na-fonte
Sindicato Nacional dos Editores de Livros, RJ

M151d

Maddux, Robert B.

Delegando para vencer: um pano de ação para o sucesso / Robert B. Maddux; tradução Nilza Freire. – Rio de Janeiro: Qualitymark Ed., 2001.

96p. (Coleção 50 minutos; 14)

Tradução de: Delegating for results

ISBN 85-7303-305-3

1. Delegação de autoridade para empregados. 2. Eficiência organizacional. I. Título. II. Série.

01-1059   CDD 658.402
                                                                                                                      CDU 65.014

2001
IMPRESSO NO BRASIL

Qualitymark Editora Ltda. **Rua Teixeira Júnior, 441** **São Cristóvão** **20921-400 – Rio de Janeiro – RJ** **Tel.: (0XX21) 3860-8422**	Fax: (0XX21) 3860-8424 www.qualitymark.com.br E-Mail: quality@qualitymark.com.br QualityPhone: 0800-263311

PREFÁCIO

Uma das tarefas mais árduas para os supervisores (especialmente os novos) é aprender a distribuir equanimemente o trabalho entre seus subordinados. A dificuldade, em geral, surge da necessidade de adequar suas qualidades pessoais – conhecimento do trabalho, performance individual competente, iniciativa, motivação e um razoável grau de habilidades interpessoais –, que os transformam em funcionários bem-sucedidos, em primeiro lugar, e que os têm levado à promoção. Tais qualidades podem induzir alguns supervisores a crer que seriam capazes de executar sozinhos todo o trabalho relevante de sua divisão.

Antigamente, essas qualidades podem ter levado os funcionários ao sucesso, mas elas também podem se tornar um fardo pesado, caso os supervisores não saibam aplicá-las bem. O supervisor inexperiente deve comparar as antigas atribuições com as novas, e verificar as principais diferenças entre elas. Uma das principais distinções é: considerando que as novas tarefas são trabalho demais para uma única pessoa, outros funcionários precisam ser designados para auxiliar. Eles reúnem uma gama de habilidades e conhecimento de diversos níveis e estão dispostos a colocá-los em prática e aperfeiçoá-los. Conclui-se, então, que o supervisor não é responsável apenas por seu próprio desempenho, mas também pelo desempenho e aprimoramento de seus subordinados. É necessário que todos eles combinem seus esforços visando atingir as metas e objetivos do grupo.

O supervisor deve reconhecer a distinção entre as tarefas executadas por si mesmo e o gerenciamento da performance alheia. É preciso concentrar-se no planejamento, organização, motivação e controle. Isso requer o aprendizado de novas técnicas e a abstenção de executar tarefas que podem ser cumpridas por subordinados. O supervisor precisa aprender a delegar e a executar bem essa tarefa.

Se as técnicas da delegação não forem assimiladas e revistas periodicamente, o sucesso será limitado, e a probabilidade de uma promoção, remota. Aqueles com pouco talento para delegar que forem promovidos considerarão seu trabalho extremamente penoso, e certamente causarão impacto negativo na produtividade de sua divisão.

Delegar não é um tipo de arte misteriosa com a qual somente alguns sabem lidar. É um processo básico de gerenciamento que pode ser aprendido e lapidado sutilmente por qualquer um que deseje se esforçar para adquirir alguma prática. Este livro oferece as diretrizes básicas. Aplicá-las só depende de você. Boa sorte!

Robert B. Maddux

SUMÁRIO

SEÇÃO 1 O PAPEL DA ADMINSTRAÇÃO 1
    A Administração é um processo 3
    Planejamento 4
    Organização 5
    Motivação 6
    Controle 7
    Como o trabalho é executado nas empresas 8
    Caso de estudo 1 – O gerente "Faça você mesmo" 10
    Habilidades técnicas, humanas e conceituais 11
    O que a delegação pode fazer por mim? 12

SEÇÃO 2   ANALISANDO HABILIDADES PESSOAIS PARA DELEGAR 13
    Eu delego bem? 15
    Sintomas de uma delegação precária 16
    Obstáculos comuns à delegação 17
    Fato X Imaginação 18

SEÇÃO 3   PREPARANDO-SE PARA DELEGAR 21
    Analise seu serviço 23
    Decida o que delegar 24
    Caso de estudo 2 – Pressionado pelo orçamento 27
    Tarefa/Projeto 29
    Planilha de Análise de Planejamento 30
    Planejando a Delegação 31

SEÇÃO 4   SELECIONANDO A PESSOA CERTA 33
    Fazendo escolhas 35
    Fazendo uma estimativa da pré-delegação 38
    Lembre-se do potencial de sua secretária 41
    Caso de estudo 3 – Fazendo suas escolhas 42

SEÇÃO 5   DELEGANDO 43
    Comunicando a delegação 45
    Oportunidades Perdidas 47
    Seis níveis de autoridade 48
    Acompanhando 51
    Caso de estudo 4 – O dilema dos dados incompletos 52

SEÇÃO 6   PREPARANDO OS FUNCIONÁRIOS PARA A DELEGAÇÃO **53**
    O que você deve esperar 55
    A preparação começa com a contratação 56
    Treine funcionários para executarem tarefas complexas 57
    Ensinando aos funcionários técnicas para solução de problemas 58
    Torne possível o comprometimento do funcionário 59
    As distinções entre os que delegam 60
    Caso de estudo 5 – A delegação desastrosa 61

**SEÇÃO 7   PROBLEMAS POTENCIAIS DA DELEGAÇÃO
                E COMO LIDAR COM ELES** **63**
    Tira-dúvidas de quem delega 65

SEÇÃO 8   REVISÃO E COMPROMISSO COM O FUTURO **69**
    Revisão 72
    Respostas da revisão 73
    Dez armadilhas para se evitar 74
    Checklist da delegação 75
    Desenvolva um plano pessoal de ação 77
    Respostas aos casos de estudo 78

ALGUNS OBJETIVOS IMPORTANTES PARA O LEITOR

Antes de começar a ler esse livro, reflita sobre seus objetivos.

Os objetivos nos conferem senso de direção, definição do que planejamos conquistar, e um incrível sentimento de preenchimento quando conseguimos obter o que desejávamos.

Verifique os objetivos abaixo que são importantes para você. Depois, quando terminar a leitura, revise-os e aproveite a sensação de conquista que terá.

DEPOIS DE APRENDER E COLOCAR EM PRÁTICA OS CONCEITOS APRESENTADOS NESTE LIVRO, VOCÊ ESTARÁ PRONTO PARA:

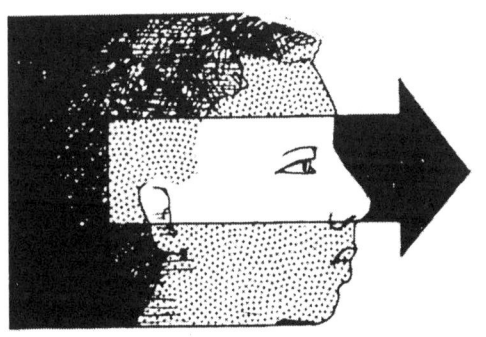

- ☐ organizar a si mesmo e seu trabalho, preparando-se para uma delegação eficaz;
- ☐ planejar a delegação;
- ☐ selecionar o funcionário mais apropriado pelas razões corretas;
- ☐ comunicar a tarefa a ser delegada com clareza e concisão;
- ☐ delegar tarefas enquanto avalia a tarefa e a autoridade em relação à capacidade e às necessidades;
- ☐ resolver os problemas que aparecerem com o processo de delegação;

SEÇÃO 1

O Papel da Administração

A ADMINISTRAÇÃO É UM PROCESSO

A administração é um processo de trabalho, realizado por meio de indivíduos e grupos, que visa atingir metas e objetivos organizacionais.

Quando alguém assume um cargo administrativo, ocorre significativa mudança no relacionamento desta pessoa com os outros funcionários, e novas tarefas começam a se desenrolar. Essas tarefas, realizadas em conjunto, são consideradas como processo de administração.

As opiniões dos profissionais e estudiosos da Administração sobre o processo administrativo variam consideravelmente. Essas diferenças geralmente não são mais do que uma mera escolha de palavras. Uns consolidam funções similares dentro de categorias mais amplas – outros preferem uma relação mais extensa de funções individuais.

O processo administrativo, dentro de nossas perspectivas, consiste de quatro funções principais. São elas: planejamento, organização, motivação e controle. Uma boa gestão, assunto deste livro, exige habilidade em todas as quatro!

As próximas quatro páginas fornecerão ao leitor uma oportunidade para avaliar sua compreensão a respeito dessas funções.

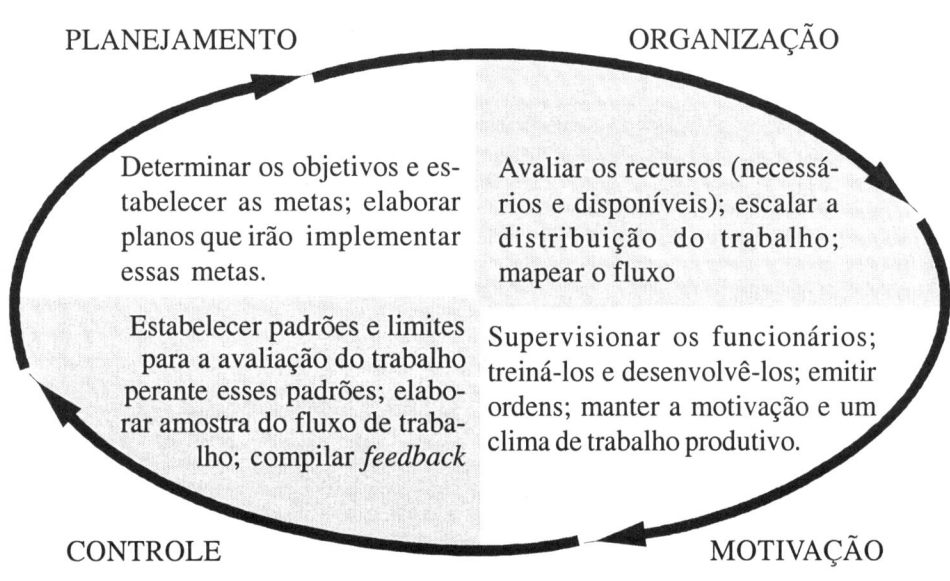

PLANEJAMENTO

O planejamento são as idéias que precedem a execução. Está relacionado com o estabelecimento de metas e objetivos para uma unidade organizacional e com a elaboração de planos e escalas para o cumprimento destes. Na relação abaixo, assinale as afirmativas que você considera elementos importantes no planejamento.

- [ ] 1. Interpretar metas e objetivos transmitidos pela esfera superior como o resultado de um planejamento elaborado em melhor nível.

- [ ] 2. Considerar pensamentos e idéias de funcionários diretamente envolvidos, bem como os seus próprios.

- [ ] 3. Formular e expedir normas e procedimentos para a realização das metas e objetivos.

- [ ] 4. Examinar alternativas e selecionar atividades e programações que podem conduzir a resultados positivos.

- [ ] 5. Estabelecer cronogramas e prazos de conclusão ao lidar com as prioridades.

- [ ] 6. Determinar os padrões de execução e a forma pela qual os resultados serão avaliados.

- [ ] 7. Identificar os recursos necessários para o cumprimento das tarefas – pessoal, prazo, verbas, material – e determinar sua disponibilidade.

Se você for um exímio planejador, terá assinalado todas as opções acima.

ORGANIZAÇÃO

Uma vez colocado em prática o planejamento, torna-se essencial a organização. Os recursos – pessoal, capital, equipamento, matérias-primas, instalações – devem ser tratados em conjunto, da forma mais produtiva para o cumprimento das metas e objetivos. Na relação abaixo, assinale os itens que você considera que a organização deve fornecer:

☐ 1. Uma equipe apropriada – o número certo de pessoas com habilidades essenciais para a realização do trabalho a ser executado.

☐ 2. Definição de responsabilidade e autoridade.

☐ 3. Discriminação das funções mais importantes e estruturação das partes que irão compor as unidades e equipes para o trabalho efetivo.

☐ 4. Manuais, instruções administrativas e outras ferramentas que esclareçam sobre como uma responsabilidade é assumida e como uma autoridade é delegada.

☐ 5. Sistemas de comunicação que permitam acesso e coordenação entre o pessoal e as empresas.

☐ 6. Métodos para a solução de problemas e conflitos.

☐ 7. Instalações e equipamentos necessários para a realização da tarefa.

Se você assinalou todas as sete opções, acertou 100%!

MOTIVAÇÃO

A motivação, juntamente com o planejamento e a organização, desempenha um papel importante no nível de desempenho a ser alcançado dentro de qualquer empreendimento. Para verificar sua concepção sobre motivação, examine as seguintes afirmativas e indique quais são as verdadeiras e quais são as falsas.

Verdadeira   **Falsa**

_____   _____   1. As necessidades e os desejos dos funcionários não interferem significativamente na motivação.

_____   _____   2. É importante criar um ambiente onde os funcionários possam ter suas necessidades atendidas, ao tempo em que atendem as necessidades da empresa.

_____   _____   3. Geralmente haverá melhoria nos resultados se as pessoas puderem participar decisivamente na definição dos mesmos.

_____   _____   4. A motivação para apresentar resultados é maior quando os funcionários são reconhecidos por suas contribuições.

_____   _____   5. Estudos vêm comprovando que a comunicação tem pouco a ver com a motivação.

_____   _____   6. Instruções e treinamentos tendem a aumentar os níveis pessoais de motivação.

_____   _____   7. A motivação para produzir resultados geralmente aumenta quando ao funcionário é conferida autoridade para tomar decisões que interfiram nesses resultados.

_____   _____   8. Os bons supervisores dedicam especial atenção ao modo como os funcionários respondem ao assumirem um serviço.

As afirmativas 2, 3, 4, 6, 7 e 8 são verdadeiras.

CONTROLE

O controle está diretamente relacionado com os resultados. Ele envolve um acompanhamento, visando comparar os resultados com os planos e efetuar os devidos ajustes quando esses resultados não atendem às expectativas. Na relação de afirmativas, relacionadas abaixo, sobre controle, identifique aquelas que você considera como verdadeiras ou falsas.

O controle exige:

Verdadeira   **Falsa**

_____   _____   1. Planejar formas de verificar se as metas, objetivos ou padrões estão sendo executados dentro do prazo e com redução de custos.

_____   _____   2. Punir os empregados que forem omissos em suas responsabilidades.

_____   _____   3. Formular métodos pelos quais se possa medir a utilização dos recursos e avaliá-los para fins de planejamento futuro.

_____   _____   4. Implantar sistemas que proporcionem *feedback* dos pontos básicos durante a evolução do trabalho, de modo a identificar, avaliar e interferir sobre as divergências relacionadas ao plano.

_____   _____   5. Limitar a autoridade do funcionário no que tange a detalhes de menor importância.

_____   _____   6. Relatar a situação das atividades e projetos àqueles que precisam tomar conhecimento destes.

As afirmativas 2 e 5 são falsas.

COMO O TRABALHO É EXECUTADO NAS EMPRESAS

A administração é o exercício da liderança, no sentido de integrar e utilizar efetivamente uma variedade de recursos, visando à realização de um objetivo. Isto se aplica a todas as empresas de natureza comercial, hospitalar ou política. Os administradores deverão ter em mente que não existe uma maneira ideal de planejar, organizar, motivar ou controlar. Cada administrador deverá aperfeiçoar permanentemente seus conhecimentos sobre os conceitos administrativos e explorá-los até encontrar a melhor combinação possível para atender a seus interesses, aos interesses do pessoal supervisionado e aos do trabalho em questão.

Existe, no entanto, um fator fundamental para cada tarefa administrativa. Este fator se chama DELEGAÇÃO. O administrador deverá saber o que esperar de seu setor, quando há uma expectativa, e como empregar os recursos humanos da melhor maneira, para obter os resultados almejados. Isto significa designar um trabalho de forma planejada e consciente.

> Delegar é dar às pessoas tarefas a cumprir. Administrar é realizar metas organizacionais através do trabalho de indivíduos e grupos. É fácil verificar que ambos estão intimamente ligados. E é óbvio que o administrador que não está delegando também não está administrando.

Dentre todas as habilidades e atividades de um administrador, a delegação é uma das mais indispensáveis.

Os casos de estudo irão ajudá-lo a obter o entendimento e o conhecimento que você ainda não deve possuir. Muitos exemplos de problemas foram incluídos neste livro. É importante que se dispense especial atenção à cada um deles.

O primeiro exemplo (na página seguinte) irá ajudá-lo a compreender a importância de aprender e aplicar os conceitos apresentados neste livro

Caso de Estudo 1

CASO DE ESTUDO 1

O Gerente "Faça Você Mesmo"

Joanne era uma profissional entusiasmada e capaz. Ela foi promovida, com a incumbência de administrar um grupo de cinco profissionais que executavam um trabalho muito parecido com as suas atividades anteriores.

Iniciou em seu novo cargo pensando: "Fui promovida em virtude do meu excelente desempenho nas tarefas executadas anteriormente. Logo, devo possuir maior capacidade do que qualquer de meus subordinados e, provavelmente, posso executar a maior parte do trabalho bem melhor e mais rápido do que eles. Vou treiná-los quando tiver tempo, mas, no momento, o melhor a fazer é despachar o serviço."

Joanne não repassou nenhuma tarefa de maior importância a seus funcionários; fez o trabalho sozinha. Com o decorrer do tempo, suas horas de trabalho aumentaram rigorosamente, e ela foi se ficando cada vez menos disponível para seus colegas – e para seu próprio supervisor, cuja coordenação era muito importante. Apenas os serviços de rotina eram designados para seus funcionários, que não estavam recebendo nenhum tipo de treinamento e sabiam efetivamente muito pouco a respeito dos projetos importantes em curso. Um deles, inclusive, acabou por se demitir, em virtude da ausência de grandes desafios e de oportunidade para crescimento individual. Joanne se encontrava muito ocupada para substituí-lo.

Finalmente, transcorridos dois meses, ela foi chamada por seu supervisor para conversar sobre o seu desempenho. O que você diria a Joanne se fosse seu supervisor? Resuma seus comentários abaixo. A seguir, compare-os com os do autor na página 78.

_____

_____

_____

HABILIDADES TÉCNICAS, HUMANAS E CONCEITUAIS

Muitos supervisores e administradores inexperientes possuem uma linha de trabalho muito parecida com a de Joanne, e acabam caindo na mesma armadilha. Eles não enxergam a diferença entre as capacidades técnicas, humanas e conceituais e como essas capacidades se aplicam a seus cargos. Pense nelas da seguinte forma:

DEFINIÇÕES		
Habilidade Técnica	**Habilidade Humana**	**Habilidade Conceitual**
Capacidade para utilizar conhecimento, métodos e equipamentos na execução de tarefas específicas; é adquirida com a experiência e com o treinamento.	Capacidade e discernimento para trabalhar com pessoas, que envolve compreensão sobre motivação e liderança.	Capacidade para entender as complexidades da empresa como um todo e onde cada setor melhor se insere dentro do panorama geral.

Os supervisores de hierarquia mais baixa necessitam de habilidade técnica, por serem freqüentemente solicitados a treinar e desenvolver novos funcionários e técnicos. Em contrapartida, os gerentes seniores não necessitam saber como todas as tarefas específicas são executadas no nível operacional; no entanto, precisam estar cientes de como se inter-relacionam todas essas funções. O denominador comum, que tem importância crucial em todos os níveis, é a habilidade humana.

Quando os supervisores progridem na carreira administrativa, precisam aprender a delegar serviços que requeiram habilidade técnica a seus subordinados, para que disponham de tempo para aprender sobre as habilidades humana e conceitual, que passam, então, a ser exigidas.

Alta gerência

Média gerência

Supervisão

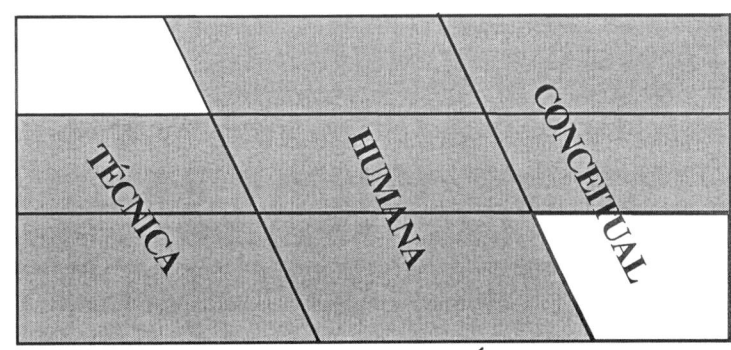

HABILIDADES NECESSÁRIAS

O QUE A DELEGAÇÃO PODE FAZER POR MIM?

Novos gerentes, como Joanne, geralmente conferem baixa prioridade à delegação, por não saberem exatamente como lidar com ela e por não enxergarem seus benefícios. Alguns, inclusive, acham que a delegação implica mais problemas do que soluções. Listamos abaixo algumas vantagens decorrentes de uma boa delegação. Assinale aquelas que você gostaria de obter.

- [ ] 1. Um maior volume de serviço pode ser executado, e o cumprimento dos prazos pode ser atingido mais facilmente.
- [ ] 2. Os funcionários se tornam mais envolvidos e mais responsáveis.
- [ ] 3. A designação de responsabilidade específica e de autoridade torna o controle menos difícil.
- [ ] 4. Os funcionários progridem e se desenvolvem.
- [ ] 5. Os recursos humanos são utilizados de forma mais plena, e a produtividade aumenta.
- [ ] 6. O desempenho individual pode ser avaliado com maior precisão.
- [ ] 7. A recompensa, incluindo promoção por merecimento, pode ficar mais diretamente relacionada ao desempenho individual.
- [ ] 8. A diversidade de produtos, operações e pessoal pode ser administrada com eficiência.
- [ ] 9. Operações a distância podem ser administradas com um número menor de viagens e com menos estresse.
- [ ] 10. O reconhecimento e a satisfação do funcionário são valorizados.
- [ ] 11. O administrador tem mais tempo para planejar, organizar, motivar e controlar.
- [ ] 12. O administrador fica liberado para realizar as tarefas que só ele pode fazer.

Acrescente outras vantagens que você considera importantes nas linhas abaixo:

- [ ] 13. _____
- [ ] 14. _____
- [ ] 15. _____

SEÇÃO 2

Analisando Habilidades Pessoais para Delegar

EU DELEGO BEM?

Aqui teremos a oportunidade de saber se você delega bem. A escala a seguir irá ajudá-lo a identificar seus potenciais e determinará onde há necessidade de aperfeiçoamento. Faça um círculo em volta do número que melhor o descreve. Quanto maior o número, mais a descrição se aproxima de você. Ao terminar, preencha o espaço abaixo com o total dos números circundados.

1. Cada um de meus funcionários sabe o que espero dele. 7 6 5 4 3 2 1
2. Incluo meus funcionários em atividades de elaboração de metas, solução de problemas e aumento de produtividade. 7 6 5 4 3 2 1
3. Dou prioridade ao planejamento, à organização, à motivação e ao controle, em vez de executar tarefas que outros podem fazer. 7 6 5 4 3 2 1
4. Ao designar um serviço, seleciono o responsável cuidadosamente. 7 6 5 4 3 2 1
5. Quando ocorre problema em um projeto delegado por mim, dou ao funcionário uma chance razoável para que ele mesmo encontre uma solução. 7 6 5 4 3 2 1
6. Ao delegar um serviço aos funcionários, mantenho-os bem informados sobre os detalhes que me são familiares. 7 6 5 4 3 2 1
7. Vejo a delegação como uma forma de ajudar os funcionários a desenvolverem suas habilidades, e designo o serviço de acordo com elas. 7 6 5 4 3 2 1
8. Apoio e ajudo os funcionários em situações de emergência, mas não permito que deixem o trabalho para eu fazer. 7 6 5 4 3 2 1
9. Ao designar um serviço, deixo claro os resultados desejados, mas não como realizá-los. 7 6 5 4 3 2 1
10. Ao delegar um projeto, certifico-me de que cada funcionário envolvido sabe quem são os encarregados. 7 6 5 4 3 2 1
11. Ao delegar um serviço, pondero a autoridade com a necessidade e a experiência. 7 6 5 4 3 2 1
12. Mantenho meus funcionários responsáveis pelos resultados. 7 6 5 4 3 2 1

TOTAL _____

Um resultado entre 72 e 84 sugere que você está no ponto. Um resultado entre 48 e 71 indica que você está atuando bem, mas pode melhorar. Pontuações abaixo de 48 significam que você precisa mudar.

SINTOMAS DE UMA DELEGAÇÃO PRECÁRIA

Há vários sintomas que sinalizam uma delegação precária. Eles podem ser observados geralmente nos hábitos de trabalho do gerente, no comportamento dos funcionários ou na produtividade do grupo. Na relação abaixo, assinale os sintomas detectados na sua empresa.

- ☐ Os prazos são desrespeitados com freqüência.
- ☐ Alguns funcionários se encontram muito mais ocupados do que outros.
- ☐ O supervisor (eu) geralmente está muito ocupado para conversar com os funcionários.
- ☐ Os funcionários não estão seguros de sua autoridade.
- ☐ Ninguém no setor reúne condições para ser promovido.
- ☐ As decisões dos funcionários são invalidadas com freqüência.
- ☐ Ninguém parece saber quem é o encarregado do projeto.
- ☐ A empresa é atingida pela lentidão do processo decisório.
- ☐ O supervisor (eu) nunca tem tempo para visitar o ambiente de trabalho dos funcionários.
- ☐ As alterações nos planos e objetivos não são repassadas aos funcionários que precisam tomar conhecimento delas.
- ☐ São designadas tarefas para funcionários que não poderiam assumi-las sem treinamento.
- ☐ O supervisor (eu), por vezes, intervém em um projeto ou tarefa designada, sem comunicar ao funcionário delegado para esta função.
- ☐ Os funcionários usualmente solicitam transferência para outros setores.
- ☐ Os fluxos de comunicação são esporádicos, incompletos e freqüentemente demorados.
- ☐ O supervisor (eu) freqüentemente leva serviço para casa e, por vezes, desmarca suas férias devido ao volume de serviço.
- ☐ Os empregados capacitados se encontram desmotivados.
- ☐ O supervisor (eu) insiste que toda a correspondência passe antes por sua sala.

Se você assinalou mais do que uma ou duas das afirmativas acima, deve olhar com mais cautela para as suas práticas de delegação e indagar-se sobre o por quê da existência de tais condições.

OBSTÁCULOS COMUNS À DELEGAÇÃO

Aqueles que delegam com ineficicência justificam suas impropriedades de muitas maneiras. Geralmente responsabilizam os obstáculos (naturais ou adquiridos) que os cercam, as características de seus funcionários ou a situação em si. Na relação de comportamentos que segue abaixo, assinale SIM para os procedimentos que afetam suas práticas de delegação. Assinale NÃO, para o caso de não afetarem. Reflita cuidadosamente sobre cada afirmativa e procure ser honesto.

Sim	Não	OBSTÁCULOS IMPOSTOS POR SI MESMO
_____	_____	Prefiro desempenhar tarefas operacionais – e não funções administrativas – porque conheço e lido melhor com elas.
_____	_____	Posso executar o serviço do meu setor melhor do que qualquer um.
_____	_____	Não sei como delegar.
_____	_____	Ficarei antipatizado perante meus funcionários se eu exigir muito deles.
_____	_____	Não estou certo para quem devo delegar.
_____	_____	É mais fácil e mais rápido que eu mesmo faça tudo.

Sim	Não	OBSTÁCULOS IMPOSTOS POR FUNCIONÁRIOS
_____	_____	Faltam experiência e competência a meus funcionários.
_____	_____	Meus funcionários já estão sobrecarregados.
_____	_____	Meus funcionários resistem à responsabilidade.
_____	_____	Meus funcionários temem ser criticados e evitam esse risco.

Sim	Não	OBSTÁCULOS IMPOSTOS PELA SITUAÇÃO
_____	_____	A gerência exige que eu lide pessoalmente com as tarefas de maior importância.
_____	_____	Não é confiável deixar que meus funcionários trabalhem por conta própria.
_____	_____	Estamos com falta de pessoal. Não há ninguém a quem eu possa delegar tarefas.
_____	_____	A maior parte de nossas decisões é tomada em situações de crise

Se você respondeu SIM para qualquer uma das afirmativas acima, vai achar este livro muito útil.

FATO x IMAGINAÇÃO

As afirmativas para as quais você respondeu SIM, na página anterior, precisam ser examinadas objetivamente. Algumas podem ser contraproducentes, impedindo os supervisores de delegarem de maneira adequada. Boa parte delas merece um exame mais minucioso.

A Falácia da Onipotência

É a síndrome do *"faço melhor sozinho"*. Ainda que seja verdadeiro, a escolha não se situa entre a qualidade do trabalho do supervisor e a do empregado para uma determinada tarefa. A escolha se situa entre os benefícios do desempenho do supervisor para uma determinada tarefa e os benefícios de seu tempo empregado para planejar, organizar, motivar e controlar, além de desenvolver uma equipe eficiente. A equipe irá, muitas vezes, superar o administrador e continuará a crescer.

O Medo da Antipatia

Apesar de poucos gerentes admitirem o fato, a maioria se preocupa se seus funcionários reagirão com antipatia ou ressentimento em relação a eles, ao terem de pressioná-los com um maior volume de serviços. Um gerente com estas características irá arriscar sua carreira para não frustrar um funcionário.

É interessante notar que os funcionários classificam como "bons" ou "excelentes" os gerentes que exercem pleno uso da delegação. Aqueles que delegam pouco costumam receber baixa classificação.

A Falta de Confiança nos Funcionários

Os gerentes que não confiam em seus funcionários devem olhar a si próprios para encontrar o por quê. Eles estão, ou devem estar, no controle da situação.

Se os funcionários não podem lidar com incumbências delegadas, o gerente contratou um pessoal sem competência, falhou em fornecer-lhe treinamento adequado ou não tem se esforçado para descobrir a dimensão de suas capacidades. O remédio é: identificar potencialidades e deficiências, e treinar ou substituir aqueles funcionários que ainda não podem atender aos padrões estabelecidos.

Os Funcionários Esperam que Eu Forneça as Respostas

Geralmente é como os gerentes se justificam para manter os funcionários excluídos da solução de problemas ou tomadas de decisão. Ocorre quando um funcionário leva um problema a um supervisor que diz: "Por que não deixa isso comigo e eu lhe devolvo depois?". E quando o supervisor retorna a seu funcionário, o problema está solucionado. O funcionário tencionava apenas discutir o problema – ele não queria a resposta.

Perco Menos Tempo Fazendo do que Explicando

Um supervisor que usa esta justificativa para executar uma tarefa operacional que gosta de fazer, mas que pode ser ensinada a um funcionário, está cometendo um grave erro. Se ele não dispor de tempo para ensinar a tarefa a alguém, permanecerá executando essa tarefa no futuro. Isto consome uma valiosa quantidade de tempo e esforço, que podem ser mais bem empregados naquelas tarefas que só os supervisores podem executar.

Por vezes um supervisor, de fato, não pode delegar. O gráfico abaixo, porém, demonstra que uma progressão ascendente exige muito mais delegação e menos "execução".

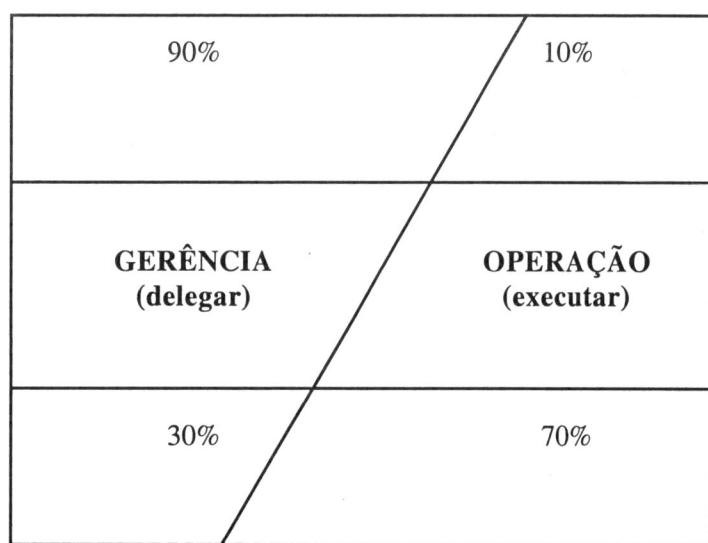

SEÇÃO 3

Preparando-se para Delegar

Há um Modo Melhor,
MAS
Exige Preparação!

FAÇAM LOGO!!

ANALISE SEU SERVIÇO

Para delegar com eficiência, você deve ter o serviço sempre à mão. Isto significa periodicamente:

- Rever suas obrigações e responsabilidades como gerente. Como se modificaram? O que há de novo para aprender? Até que ponto esses fatores afetam seu setor? Quais são os novos desafios? Quais dos procedimentos antigos devem ser interrompidos?

- Reafirmar os principais objetivos de seu setor. Estão ocorrendo mudanças que afetem as prioridades ou que necessitem ser comunicadas aos funcionários?

- Evidenciar as áreas de resultados principais. Quais são os fatores de desenvolvimento ou erro na tarefa designada? Quais são as áreas onde resultados específicos são essenciais?

- Reexaminar seu volume de trabalho para identificar aquelas poucas tarefas que só você pode executar.

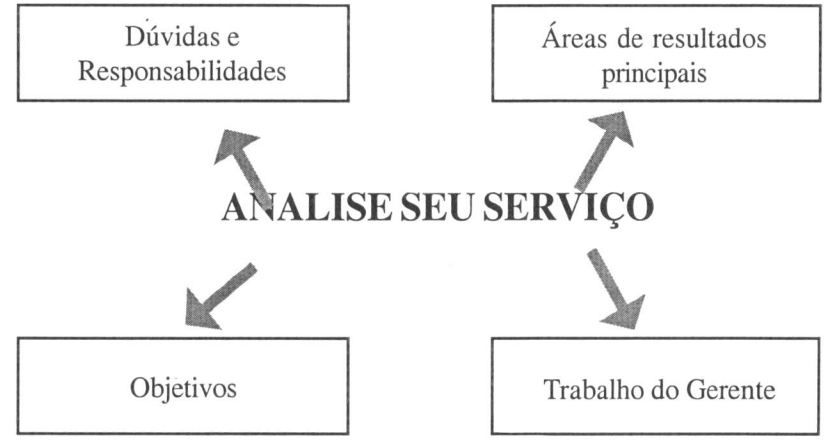

Lembre-se: você é um gerente, não um colaborador individual. É sua função é utilizar efetivamente os recursos humanos para cumprir as metas organizacionais. Você deve separar o que é mais importante, e proceder de acordo com as bases prioritárias. Quanto mais desenvolver seus funcionários e quanto mais delegar-lhes tarefas, mais eles poderão auxiliá-lo a identificar as áreas de resultados principais e a cumprir as metas. Deixe que seus empregados cumpram as tarefas que, por natureza, lhes pertencem. Isto inclui contornar e resolver os problemas em suas áreas de responsabilidade. Certifique-se de que eles se econtram efetivamente treinados e ajude-os quando estiverem confusos, mas nunca deixe de lhes dar a oportunidade de executar o serviço para o qual foram selecionados.

DECIDA O QUE DELEGAR

> SEMPRE QUE VOCÊ EXECUTA UMA TAREFA QUE OUTRA PESSOA PODE FAZER, DEIXA DE LADO UMA TAREFA QUE SOMENTE VOCÊ PODE EXECUTAR.

Os gerentes geralmente delegam para dispor de mais tempo para executar tarefas administrativas que envolvam maior dificuldade e complexidade, para melhorar a produtividade ou para desenvolver seus funcionários. Alguns tipos de trabalho que você deve considerar como passíveis de delegação estão listados abaixo.

DECISÕES TOMADAS COM FREQÜÊNCIA.

Decisões de menor importância e trabalhos de rotina costumam consumir grande parte do dia. A maioria deles (quando não todos) pode ser delegada ensinando-se ao funcionári as normas e os procedimentos a serem aplicados. Eles, provavelmente, já deverão conhecer os detalhes melhor do que você.

Relacione duas possibilidades:

1. _____

2. _____

FUNÇÕES PERTINENTES À SUA ESPECIALIDADE TÉCNICA OU FUNCIONAL.

Trata-se geralmente de tarefas operacionais e não de funções administrativas. Você poderá ensinar outras pessoas a executá-las. Na verdade, o seu desafio como gerente é motivar as pessoas a produzirem melhores resultados que você nunca alcançou na execução individual. Boa parte do tempo economizado poderá ser utilizada para aprender sobre outras funções que você supervisiona, de modo a gerenciá-las melhor.

Relacione duas possibilidades:

1. _____

2. _____

TAREFAS E PROJETOS PARA OS QUAIS VOCÊ É MENOS QUALIFICADO.

É quase certo que alguns de seus funcionários são mais qualificados e podem fazer algumas tarefas melhor do que você. Permita que façam..

Relacione duas possibilidades:

1. _____

2. _____

FUNÇÕES QUE NÃO LHE AGRADAM.

Desempenhar funções de que não gostamos é muito desagradável e geralmente acabamos por deixá-las de lado, ou executamo-las com ineficiência. Examine o que agrada ou não a seus funcionários, bem como os seus respectivos talentos. Quase sempre você encontrará alguém que goste do serviço e que poderá fazê-lo melhor. Se precisarem de treinamento, providencie-o.

Relacione duas possibilidades:

1. _____

2. _____

TRABALHO QUE PROPORCIONA EXPERIÊNCIA AOS FUNCIONÁRIOS.

Cria substância no serviço em curso e ajuda a manter os funcionários motivados e voltados para os desafios.

Relacione duas possibilidades:

1. _____

2. _____

DESIGNAÇÕES QUE OFERECEM VARIAÇÕES À ROTINA DE TRABALHO.

Uma mudança de procedimento é geralmente bem-vinda e constitui um bom fator motivacional para aquele empregado que está achando o serviço monótono.

Relacione duas possibilidades:

1. _____

2. _____

ATIVIDADES QUE TORNAM UM CARGO MAIS COMPLETO.

À medida que os funcionários se tornam mais competentes, conseguem mais tempo disponível. Acrescente obrigações e responsabilidades complementares para conferir maior substância a seus cargos.

Relacione duas possibilidades:

1. _____

2. _____

TAREFAS QUE AUMENTAM O NÚMERO DE PESSOAS QUE PODEM EXERCER FUNÇÕES DECISIVAS.

Maximize o potencial do grupo, proporcionando às pessoas a experiência necessária para substituírem uns aos outros nas situações de emergência ou períodos de sobrecarga extra de serviço.

Relacione duas possibilidades:

1. _____

2. _____

OPORTUNIDADES PARA UTILIZAR E REFORÇAR OS TALENTOS CRIATIVOS.

Os empregados não costumam ser criativos em ambientes repressivos. Estimule-os com problemas e projetos com maior nível de dificuldade e recompense as soluções criativas.

Relacione duas possibilidades:

1. _____

2. _____

— Outros devem fazer.
— Outros devem fazer, mas você pode ajudá-los.
— Você pode fazer, mas outros farão, se houver oportunidade.
— Você deve fazer, mas outros podem ajudar.
— Somente você pode fazer.

ALVO DA DELEGAÇÃO

PRESSIONADO PELO ORÇAMENTO

Caso de Estudo 2

CASO DE ESTUDO 2

Pressionado pelo Orçamento

Jack é um excelente gerente de produção, mas, revendo seu desempenho, percebeu que poderia estar incorrendo em algum erro fatal. Ele sempre extrapola o orçamento, e suas explicações são fornecidas semanalmente e com atraso. Isto ocorre mesmo quando ele próprio prepara o orçamento e mantém pessoalmente os controles que considera adequados. Mas agora seu supervisor deu-lhe um ultimato: "Mantenha o controle de seu orçamento ou terei de rebaixá-lo para um cargo que envolva menos responsabilidade."

O assistente administrativo de Jack, que possui um excelente preparo contábil, habilidade em informática e alguma experiência com orçamentos, gostaria de ajudá-lo. Também gostariam de auxiliar todos os responsáveis pelo setor, que acreditavam que o orçamento espelharia melhor a realidade se eles recebessem algum encargo. Jack, no entanto, achava que o orçamento era responsabilidade apenas sua e que deveria fazê-lo sozinho.

No espaço abaixo, relacione o que você sugeriria a Jack para corrigir este problema tão sério. Em seguida, compare sua resposta com as sugestões do autor, na página 78.

MINHAS SUGESTÕES:

_____
_____
_____
_____
_____
_____
_____
_____
_____
_____

TAREFA/PROJETO

Áreas de Resultados Principais	Resultados Esperados	Prazo Fatal

Esta planilha de planejamento, juntamente com a lista de checagem da página 31, irá ajudá-lo a planejar com mais eficácia sua próxima delegação.

PLANILHA DE ANÁLISE DE PLANEJAMENTO

Padrões a Serem Alcançados	Orçamento	Interação Básica	Freqüência de *Feedback*

PLANEJANDO A DELEGAÇÃO

Decidir o que delegar é apenas o primeiro passo no processo da delegação. A delegação, assim como a maior parte das outras tarefas administrativas, é mais bem-sucedida quando planejada. Pode levar poucos minutos, no caso de tarefas simples, e algumas poucas horas, quando se trata de um projeto mais complexo. Seu planejamento deverá incluir pelo menos as seguintes considerações. Na relação abaixo, assinale SIM, se achar que deve incluir o respectivo item em seu planejamento. Assinale NÃO se achar que não deve.

Sim	**Não**	
_____	_____	1. Qual o objetivo a ser cumprido?
_____	_____	2. Quais os prazos fatais para a conclusão?
_____	_____	3. Que padrões deverão ser atingidos?
_____	_____	4. Que decisões deverão ser tomadas?
_____	_____	5. Quanto de autoridade posso delegar?
_____	_____	6. Quanto de autoridade delegarei?
_____	_____	7. Que instruções ou ordens as pessoas autorizadas irão emitir?
_____	_____	8. Um orçamento precisa ser desenvolvido ou acompanhado?
_____	_____	9. Com quem as pessoas de meu setor precisarão se inter-relacionar? E de outros setores?
_____	_____	10. Que informações preciso fornecer?
_____	_____	11. Até onde precisarei estar envolvido?
_____	_____	12. Que _feedback_ desejo e quando o desejo?
_____	_____	13. De quem precisarei para me manter informado a respeito do andamento?
_____	_____	14. Devo comunicar aos outros quem é o encarregado?
_____	_____	15. A quem devo delegar?

Se você assinalou NÃO para qualquer dos itens acima, planeje-se para modificar sua postura delegacional, para que possa assinalar SIM futuramente.

SEÇÃO 4

Selecionando a Pessoa Certa

FAZENDO ESCOLHAS

Tão logo esteja concluído seu plano de delegação, identifique a pessoa adequada para desempenhar a tarefa. Alguns dos inúmeros fatores a considerar estão listados abaixo.

O TRABALHO É DE COMPETÊNCIA DE UM CARGO ESPECÍFICO?

Algumas tarefas e projetos são mais pertinentes a certos cargos profissionais já existentes e, logicamente, podem ser aí delegadas.

Relacione dois exemplos do passado e duas possibilidades para o futuro:

1. _____

2. _____

QUEM TEM INTERESSE E/OU CAPACIDADE?

Examine periodicamente o desempenho profissional de seu funcionário e mantenha um inventário de interesses e capacidades de sua equipe. Procure oportunidades que possam dar aos empregados que freqüentam cursos a chance de aplicar o que vêm aprendendo.

Atribua ao fator interesse a mesma importância do fator habilidade. Uma pessoa com poucas qualificações pode assumir o serviço com entusiasmo e desenvolver a habilidade necessária; já uma pessoa altamente qualificada, mas com um nível de interesse baixo, pode acabar realizando um trabalho de maneira ineficiente.

Relacione dois exemplos do passado e duas possibilidades para o futuro:

1. _____

2. _____

QUEM ASSUMIRÁ O SERVIÇO COMO UM DESAFIO?

Alguns estudos revelam que um grande número de empregados não se sente desafiado, e sua desmotivação acaba por se refletir no desempenho. Dê a eles o prazer de uma nova oportunidade para realizações.

Relacione duas perspectivas para o futuro:

1. _____

2. _____

A QUEM O SERVIÇO VAI DESENVOLVER E AJUDAR A CRESCER?

Alguns funcionários crescem diante do desafio, mantendo-se dispostos a desenvolver novas habilidades para cumprir as exigências do novo serviço. Conceda-lhes esta oportunidade.

Identifique duas pessoas nesta categoria:

1. _____

2. _____

QUEM FOI AVALIADO NAS DELEGAÇÕES ANTERIORES?

Delegue para todos os seus funcionários e desenvolva-os, quando puder. Evite solicitar apenas os seus favoritos ou sobrecarregar alguns membros de sua equipe.

Delegar a um funcionário que não foi experimentado no passado exige cuidadoso planejamento, mas o custo de desempenhos adicionais é extremamente alto.

Uma tarefa delegada com cautela pode transformar um funcionário-problema em um funcionário padrão. O funcionário que tem seu potencial subutilizado pode se motivar com novas perspectivas de realização.

Sempre que você der a um funcionário "desconhecido" a chance de se desenvolver dentro de novos caminhos, estará contribuindo para melhorar a consistência, a versatilidade e o ânimo do seu setor.

Relacione duas possibilidades para o futuro:

1. _____

2. _____

QUEM TEM TEMPO DISPONÍVEL?

Se um funcionário passa por períodos ocasionais de baixo volume de serviço, encontre oportunidades para utilizar produtivamente seu tempo ocioso.

Relacione duas possibilidades:

1. _____

2. _____

QUEM ESTÁ SENDO PREPARADO PARA UMA NOVA FUNÇÃO OU PROMOÇÃO?

Os funcionários que estão sendo preparados para novas funções ou para uma promoção geralmente costumam se beneficiar com a delegação de tarefas que se relacionem com suas novas obrigações e responsabilidades.

Relacione duas possibilidades:

1. _____

2. _____

VOCÊ NÃO TEM IDÉIA DO QUE AS PESSOAS SÃO CAPAZES DE FAZER, ATÉ QUE VOCÊ LHES DÊ A CHANCE DE FAZER, DENTRO DAS CONDIÇÕES ADEQUADAS.

FAZENDO UMA ESTIMATIVA DA PRÉ-DELEGAÇÃO

A fase de planejamento que antecede a designação do serviço é a oportunidade que o gerente tem para organizar a distribuição do trabalho e para escalá-lo dentro de seu setor. A qualidade de seus preparativos determinará significativamente o sucesso da delegação. Os gerentes que ignoram o planejamento, em geral, estão acumulando para si uma grande carga de trabalho, ou repassando os serviços indiscriminadamente para os membros de sua equipe. Questionar-se sobre os seguintes pontos com antecedência irá ajudá-lo a decidir melhor sobre a delegação:

1. Que trabalho precisa ser feito?
2. O que pode e o que deve ser delegado?
3. Que tipo de trabalho tem mais a ver com as habilidades e os interesses do funcionário?
4. A quem o serviço ajudará a se desenvolver?
5. Quem pode fazer o serviço agora?
6. Quem pode ser treinado para fazer o serviço?
7. Qual é o volume de trabalho atual do funcionário e qual seu nível de desempenho?
8. Qual será o melhor modo de atuar, sem que eu mesmo tenha de fazer o serviço, considerando a exigüidade do tempo?

O mapa da página seguinte é um bom lugar para resumir e registrar suas idéias.

DELEGAÇÃO

Áreas de Resultados Principais	Resultados Esperados	Quem está Disponível no Momento?

MAPA DE ACOMPANHAMENTO

Quem Pode ser Treinado para o Serviço?	Designado para:	Acompanhamento Exigido

LEMBRE-SE DO POTENCIAL DE SUA SECRETÁRIA

Gerentes que possuem secretárias, ou assistentes administrativos, não costumam delegar apropriadamente em relação a estes funcionários. Em geral, os vêem apenas como aqueles funcionários que farão o processamento de texto, o atendimento telefônico ou a manutenção de arquivos. Isto constitui um grave erro.

Quando as secretárias são treinadas de maneira adequada e participam ativamente do gerenciamento dos negócios de seu supervisor, podem ser de inestimável importância dentro de várias áreas. Considere as seguintes possibilidades, assinalando as tarefas que você já delegou à sua secretária ou assistente administrativo. Esteja alerta aos novos meios de enriquecer o serviço deles, facilitando os seus.

- ☐ 1. Selecionar e encaminhar a correspondência para a pessoa diretamente encarregada do assunto.
- ☐ 2. Elaborar correspondências para que você apenas assine.
- ☐ 3. Agendar seus horários, coordenar seus compromissos e garantir a pontualidade dos prazos.
- ☐ 4. Acompanhar relatórios ou outros trabalhos, onde você, ou outros, tenha estabelecido prazos, informando-lhe sobre a situação desses documentos.
- ☐ 5. Coordenar conferências telefônicas.
- ☐ 6. Organizar e marcar reuniões em seu nome.
- ☐ 7. Reunir as informações necessárias para as tomadas de decisão.
- ☐ 8. Manter dados e arquivos pessoais de seu interesse.
- ☐ 9. Redirecionar telefonemas e correspondências destinados a você, mas que podem ser encaminhados para outro local.
- ☐ 10. Realizar pesquisas básicas em projetos que você assumiu.
- ☐ 11. Manter registros confidenciais.
- ☐ 12. Facilitar a comunicação em seu escritório durante sua ausência.

Acrescente outras possibilidades que sejam convenientes ao seu caso:

- ☐ 13. _____
- ☐ 14. _____
- ☐ 15. _____

Caso de Estudo 3 →

CASO DE ESTUDO 3

Fazendo Suas Escolhas

Susan se encontra em um novo cargo administrativo há dois meses. Ela está na fase de transição entre ter sido uma profissional individual destacada e ter se tornado uma gerente efetiva. Delegar é muito difícil para ela, que realmente se esforça para fazer o melhor possível. Susan chefia um grupo de oito pessoas.

Seu supervisor recentemente perguntou-lhe como ela estava se saindo nas tentativas de delegação. Susan respondeu: "Acho que estou indo muito bem. Já percebi que Mary Wong possui profundo conhecimento sobre o serviço, em todos os aspectos, concluindo as tarefas que lhe repasso sempre dentro do prazo – ainda que faça hora-extra ou trabalhe nos fins de semana. Então lhe passo todos os serviços de maior importância, e deixo que os outros funcionários se encarreguem dos procedimentos de rotina, aos quais estão mais acostumados. Os outros não possuem qualificação suficiente para assumir a mesma responsabilidade que Mary."

Se você fosse o supervisor de Mary, o que responderia?

_____
_____
_____
_____
_____
_____
_____
_____
_____
_____
_____
_____

Compare sua resposta com a do autor na página 79.

SEÇÃO 5

Delegando

COMUNICANDO A DELEGAÇÃO

> O ponto vital do processo de delegação é a interação entre o supervisor e o funcionário quando o vínculo é estabelecido.

Essa discussão face a face, bilateral, é o passo primordial que deve terminar com o compromisso do funcionário e a garantia do supervisor de que os resultados necessários irão ser alcançados.

Delegar não implica apenas transferir trabalho. Quando você delega, está ao mesmo tempo consultando e desenvolvendo, e não apenas fixando tarefas. É fundamental a existência de um diálogo aberto, afinal o sucesso depende da habilidade de comunicação do gerente e do funcionário, além da qualidade de sua relação. Quando falta confiança por parte de um deles, ou a comunicação é deficiente, é bastante improvável que a compreensão e a motivação necessárias estejam presentes.

Os passos seguintes são essenciais na comunicação de uma designação de tarefa:

1. DESCREVA, COM O MÁXIMO DE DETALHES, O PROJETO OU TAREFA, BEM COMO OS RESULTADOS ESPERADOS.

   Repasse toda a informação necessária no início do trabalho, ou informe a fonte na qual o funcionário poderá obtê-la. Indique as outras pessoas que estarão envolvidas com o projeto, descrevendo suas respectivas tarefas.

2. ESTABELEÇA UM ACÔRDO A RESPEITO DE PADRÕES DE DESEMPENHO E PRAZOS.

   Os objetivos da atribuição já foram estabelecidos, porém você deseja que a produção obedeça a padrões e que esteja dentro de um prazo razoável, para finalização da tarefa.

3. DEFINA TODO TREINAMENTO OU AUXÍLIO QUE SE FIZER NECESSÁRIO, E AS OPORTUNIDADES EM QUE SERÁ OFERECIDO.

4. ESTABELEÇA PARÂMETROS E RECURSOS, INCLUINDO ORÇAMENTO, QUE SERÃO POSTOS À DISPOSIÇÃO.

5. ESCLAREÇA A QUANTIDADE E A FREQÜÊNCIA COM QUE ESPERA O RETORNO.

6. DECLARE A PARCELA DE AUTORIDADE QUE ESTÁ SENDO DELEGADA.

   A avaliação desse tópico será estabelecida de acordo com a complexidade da tarefa, sua confiança no empregado, e na necessidade de manter outras pessoas informadas.

   Veja a página 48 para a escolha do nível adequado.

7. COMUNIQUE AOS OUTROS QUEM ESTÁ NO COMANDO.

   É muito importante que você não seja um obstáculo entre a comunicação do delegatário e as outras pessoas que serão envolvidas ou afetadas.

   > É fácil visualizar a partir desses sete pontos básicos que a delegação *não* é complicada demais. Será que você não perdeu algumas oportunidades valiosas pensando que fosse?

OPORTUNIDADES PERDIDAS

Os supervisores que se envolvem profundamente com o detalhamento do trabalho de seus supervisionados às vezes costumam descobrir que é o trabalho que os comanda, e não o contrário, como deveria ser. Eles não controlam nada. Se examinarem a situação com cuidado (enquanto consideram o fato de que seus funcionários já foram para casa há muito tempo e eles ainda estão trabalhando), perceberão o motivo de sua triste condição. Geralmente reagem assim: "se eu tivesse delegado essa tarefa a Clifford ou Sue, não teria que enfrentar este problema agora".

Por quantas vezes você perdeu a oportunidade de delegar, ou pensou ter perdido, e acabou fazendo sozinho o trabalho que outra pessoa poderia e deveria ter executado?

Até agora, sem dúvida, algumas oportunidades perdidas de delegação vieram à mente. Liste-as no espaço abaixo... e decida não permitir que isso ocorra novamente.

MINHAS OPORTUNIDADES PERDIDAS

_____
_____
_____
_____
_____
_____
_____
_____
_____
_____
_____

SEIS NÍVEIS DE AUTORIDADE

Um engano gerencial muito comum é deixar de delegar a quantidade correta de autoridade para uma determinada tarefa, as circunstâncias e a capacidade do funcionário. Alguns administradores não são a favor da delegação porque almejam, de fato, centralizar o controle. Outros optam pela delegação total porque desejam livrar-se das incumbências. Na maioria dos casos, os gerentes costumam se posicionar entre esses dois pólos. Antes que você efetive sua próxima delegação, reveja os níveis de autoridade descritos na próxima página e escolha o que melhor se adequar à sua necessidade.

O GERENTE ESTILO "FAÇA VOCÊ MESMO" QUE ODEIA DIVIDIR O CONTROLE

SEIS NÍVEIS DE AUTORIDADE

Níveis de Autoridade	Atribuição	Motivo
1	Examine a situação. Reúna todos os fatos e os relate a mim. Decidirei o que fazer.	O funcionário é novo no emprego, e o supervisor deseja controlar o resultado.
2	Identifique o problema. Determine soluções alternativas e os detalhes de cada um. Recomende uma delas para minha aprovação.	O funcionário está em treinamento, e o supervisor deseja ver como ele ou ela aborda o problema e toma decisões.
3	Examine o problema. Diga-me o que pretende fazer, mas não tome nenhuma atitude sem me consultar.	O supervisor tem confiança no funcionário, porém não deseja que nenhum movimento seja feito sem a sua aprovação. Isso pode ocorrer devido a restrições da gerência superior, ou à necessidade de comunicar a ação a superiores antes de sua execução.

Níveis de Autoridade	Atribuição	Motivo
4	Resolva o problema. Informe-me o que pretende fazer e depois faça, a não ser que eu seja contra.	O supervisor respeita a capacidade e o julgamento do funcionário, e deseja apenas uma autorização final antes de adotada a linha de conduta
5	Aja nesse caso e depois me informe o que fez.	O supervisor tem total confiança no funcionário e não precisa ser comunicado antes de adotada a solução. Ele ou ela desejam apenas conhecer o resultado.
6	Resolva. Deixo por sua conta.	O supervisor tem total confiança no funcionário. Este possui total autonomia para agir e não precisa reportar-se em nenhum momento ao supervisor.

ACOMPANHAMENTO

> A meta da delegação é a finalização satisfatória da tarefa ou projeto atribuído mediante os esforços pessoais daqueles que o executam.

É importante, no entanto, que o gerente dê todo o apoio, recursos ou informações prometidas. Também é importante que haja um mecanismo de *feedback* adaptável à situação, a ser estabelecido entre o funcionário que recebeu a atribuição e o gerente. Todas essas considerações fazem parte dos preparativos para a delegação e deverão ser apreciadas no momento em que ocorrer a delegação.

OS ELEMENTOS ESSENCIAIS DO ACOMPANHAMENTO		
O papel do Gerente	**A Comunicação do Administrador**	**A Ação do Gerente**
Encorajar a independência. Permitir a liberdade de ação de acordo com o nível de delegação. Dar suporte à iniciativa e à criatividade. Compartilhar opiniões e demonstrar interesse. Reconhecer os erros e aprender com eles. Oferecer treinamento quando necessário. Conviver com divergências, desde que sejam atingidos os objetivos. Estar disponível. Não retirar a atribuição, a não ser em casos absolutamente essenciais (treinamento através dos problemas).	Compartilhar toda a informação pertinente. Não se tornar um obstáculo na comunicação entre o funcionário e os demais envolvidos. Monitorar o progresso, mas não o reter. Oferecer *feedback* sincero. Insistir que sua necessidade de conhecimento será preenchida com o tempo.	Acessar os resultados. Sugerir correções de curso, se for o caso, e os responsáveis não perceberem a necessidade. Auxiliar na solução de problemas, apenas nos casos em que o funcionário não for capaz de resolver. Avaliar o desempenho. Planejar qualquer treinamento que no futuro seja necessário. Esforços complementares e a recompensa do sucesso.

CASO DE ESTUDO 4

O Dilema dos Dados Incompletos

Marla é gerente do setor de reclamações de uma companhia de seguros. Seus subordinados são bem treinados e possuem uma experiência considerável nesse setor. A maior parte do trabalho é rotineira, mas ocasionalmente surge uma queixa incomum que requer uma investigação mais detalhada. Nessa hipótese, Marla nomeia um de seus funcionários para atuar no caso. Ela delega autoridade necessária para que essa pessoa reúna os fatos, encontre soluções alternativas e recomende a ação pertinente ao caso. No entanto, algo sempre dá errado. Ou fica faltando a informação decisiva ou, se existe, não é considerada. Isso é verdade, mesmo considerando que Marla sempre atua como ponto de contato, quando pessoas estranhas à companhia estão fornecendo informações pertinentes ao caso. Ela sempre tenta repassar essas informações de uma forma que as pessoas responsáveis pela tarefa possam compreender.

Ela já debateu o assunto diversas vezes com sua equipe, porém as discussões apenas fizeram com que os subordinados ficassem aborrecidos e na defensiva.

Qual a causa do problema em sua opinião? Escreva suas idéias no espaço abaixo.

_____
_____
_____
_____
_____
_____
_____
_____
_____
_____

VÁ ATÉ A PÁGINA 79 E COMPARE SUAS IDÉIAS COM AS DO AUTOR.

SEÇÃO 6

Preparando os Funcionários para a Delegação

O QUE VOCÊ DEVE ESPERAR

O gerente tem todo o direito de esperar que os resultados obtidos pelo funcionário obedeçam aos moldes estabelecidos quando a delegação foi feita. Confira se as expectativas a seguir estão sendo observadas no momento da delegação.

☐ 1. O funcionário aparenta boa vontade, disposição e aceita a responsabilidade pela tarefa.

☐ 2. O funcionário faz perguntas e pede auxílio quando necessita.

☐ 3. Os relatórios contendo os progressos são entregues no prazo a você e aos demais responsáveis pela área de comunicação.

☐ 4. As tarefas realizadas exemplificam bem a finalização de trabalho em equipe.

☐ 5. O funcionário possui iniciativa e demonstra dedicação e comprometimento com a tarefa.

☐ 6 Tempo, dinheiro, equipamento e potencial humano são considerados recursos valiosos e são utilizados segundo um planejamento.

> Para que essas expectativas sejam atingidas, o funcionário deve ser previamente preparado; e deve-se permitir que cresça à medida que o trabalho se desenvolve, e treinado continuamente para enfrentar maiores responsabilidades no futuro.

A PREPARAÇÃO COMEÇA COM A CONTRATAÇÃO

Se um gerente possui uma equipe preparada a quem possa delegar, seus membros precisam ser contratados em consonância com essa idéia. Os recursos humanos são a parte mais relevante do sucesso de qualquer gerenciamento. Uma boa equipe ajuda a inspirar lucratividade, produtividade, crescimento e durabilidade no mercado. Alguns elementos críticos no curso da seleção de funcionários e distribuição de cargos foram listados abaixo. Indique sua situação marcando os espaços apropriados.

	Faço Bem	Deve ser Melhorado
1. Analiso os requisitos da tarefa continuamente antes de iniciar o processo de seleção.	☐	☐
2. Investigo uma evidência objetiva das habilidades do candidato, seu conhecimento, realizações, fracassos, dependências; bem como sua atitude diante do trabalho, colegas, supervisores e clientes.	☐	☐
3. Determino o tipo de projeto e responsabilidade por tarefa que o candidato obteve em empregos anteriores e como ele lidou com a autoridade.	☐	☐
4. Certifico-me se cada postulante ao emprego compreendeu os requisitos do trabalho e os padrões de desempenho exigidos.	☐	☐
5. Relato minha idéia de trabalho em equipe aos candidatos e os indago de que forma procederiam dentro dessas condições.	☐	☐
6. Durante a decisão do processo seletivo, avalio os fatos cuidadosamente e evito tomar decisões prematuras ou estereotipadas.	☐	☐
7. As pessoas que contrato são colocadas em posições onde existe potencial para o sucesso.	☐	☐

> Se as pessoas que você escolheu para integrarem a sua equipe forem vitoriosas, conseqüentemente você também será.

TREINE FUNCIONÁRIOS PARA EXECUTAREM TAREFAS COMPLEXAS

Você utiliza a delegação para desenvolver as habilidades dos funcionários e fortalecer as já existentes? Você costuma treinar adequadamente as pessoas às quais pretende delegar atribuições? Sua atitude, conhecimento e abordagem influenciarão o aprendizado delas e a qualidade de sua aplicação. Eis algumas sugestões para melhorar o retorno do investimento em treinamento.

Assinale as atitudes que você já tomou. Marque com um X as hipóteses ainda não postas em prática.

Normalmente eu:

☐ 1. Efetuo comparação do desempenho e da expectativa com cada funcionário e desenvolvo um treinamento conjunto que irá fortalecer os resultados.

☐ 2. Escuto as idéias de melhorias que os funcionários apresentam e ofereço apoio sempre que possível durante a delegação.

☐ 3. Converso previamente com os funcionários selecionados para o treinamento, para enfatizar a importância que o treinamento trará a seus empregos e tarefas que lhes forem delegadas.

☐ 4. Mantenho a execução das tarefas do funcionário sob controle enquanto o mesmo encontra-se em treinamento, possibilitando sua concentração naquilo que está sendo ensinado.

☐ 5. Auxílio os funcionários a desenvolverem um plano de ação para aplicar o treinamento as suas funções as demais tarefas que eu lhes delegar.

☐ 6. Solicito aos funcionários uma avaliação de seu treinamento, perguntando a eles se indicariam outra pessoa da equipe para se submeter ao treinamento.

☐ 7. Delego trabalho aos funcionários que lhes possibilite aproveitar os ensinamentos absorvidos durante o treinamento.

☐ 8. Congratulo-me com os funcionários quando aplicam suas recém-adquiridas habilidades.

> Funcionários qualificados são receptivos à delegação e às oportunidades crescentes que ela proporciona.

ENSINANDO AOS FUNCIONÁRIOS TÉCNICAS PARA A SOLUÇÃO DE PROBLEMAS

Muitos supervisores passam tempo demais tomando decisões que poderiam ser tomadas até mesmo com melhores resultados por seus supervisionados. Quando os supervisores tentam solucionar todos os problemas, desencadeiam uma desaceleração na produção, os funcionários se frustram, e o crescimento pessoal torna-se limitado. No final das contas, sobra muito menos tempo para que o supervisor planeje, organize, motive e controle seu pessoal. A delegação é mais eficaz quando o supervisor somente participa da solução de problemas quando é requerida sua presença, e não o tempo inteiro. Considerando esse fato, a solução de problemas deve ser uma matéria a ser ensinada em todas as camadas da organização.

O processo de solução de problemas deve ser o mais simples possível enquanto a tarefa é executada. Uma abordagem básica é esboçada a seguir. Assinale as etapas que poderiam ser úteis dentro de seu sistema operacional:

☐ **Etapa 1 – Declare o que considera ser a natureza do problema.**
O verdadeiro problema pode não emergir até que os fatos tenham sido reunidos e analisados. Logo, considere que a afirmação inicial pode ser confirmada ou corrigida.

☐ **Etapa 2 – Reúna fatos, pensamentos e opiniões.**
O que aconteceu? Onde, quando e como ocorreu? Qual seu tamanho, escopo e gravidade? A quem e a que atinge? É possível que ocorra novamente? Há necessidade de correção? Os solucionadores de problemas devem empregar tempo e gastos para concluir de que realmente necessitam e determinar prioridades aos elementos mais críticos.

☐ **Etapa 3 – Torne a relatar o problema.**
Os fatos ajudam a possibilitar isso, e ainda oferecem dados de suporte. O real problema pode ser ou não o mesmo relatado na Etapa 1.

☐ **Etapa 4 – Identifique soluções alternativas.**
Seja criativo. Não elimine nenhuma provável solução até que diversas delas sejam abordadas.

☐ **Etapa 5 – Avalie as alternativas.**
Qual será a melhor solução? Quais os riscos? Será que os custos estão compatíveis com os benefícios? Será que a solução acarretará algum problema novo?

☐ **Etapa 6 – Implante a solução.**
Quem deve estar envolvido? Em que extensão? Como, quando e onde? Quem sofrerá o impacto da decisão? O que pode sair errado? De que forma os resultados serão relatados e verificados?

☐ **Etapa 7 – Avalie os resultados.**
Teste a solução em face dos resultados pretendidos. Modifique a solução em busca de melhores resultados, se necessário.

TORNE POSSÍVEL O COMPROMETIMENTO DO FUNCIONÁRIO

Por mais competentes e talentosos que sejam, os gerentes não podem executar todas as tarefas sozinhos. Seu sucesso é avaliado por sua habilidade em delegar com sabedoria, e posteriormente motivar os funcionários a executarem as tarefas a eles conferidas. Os resultados mais positivos são alcançados quando a equipe inteira está empenhada na execução da tarefa e é extraído o potencial máximo de cada um de seus integrantes.

A dedicação não pode ser imposta. É uma força interna que geralmente se desenvolve através de uma sensação de envolvimento. As pessoas comprometem-se com uma equipe quando lhes é permitido contribuir para o seu sucesso. Quando alguém se envolve ativamente com algum projeto ou atividade delegado, inclusive a resolução de problemas, costuma desenvolver também um senso de propriedade. Essas pessoas passam a se sentir mais importantes e necessárias quando partilham a responsabilidade pelos resultados. Os funcionários dão o melhor de si na resolução de problemas quando possuem algum tipo de interesse pessoal em agir assim.

O gerente controla o nível de envolvimento dos funcionários. Crie oportunidades para que participem através da delegação e verifique como o comprometimento deles irá aumentar.

AS DISTINÇÕES ENTRE OS QUE DELEGAM

A atitude do gerente em relação aos funcionários e sua habilidade em lidar com tarefas delegadas podem significar uma enorme diferença. Nas duas listas abaixo, assinale os itens que melhor descrevem sua postura.

Aquele que Delega Centrado no Sucesso	Aquele que Delega Centrado na Dúvida
☐ Concentra-se nos bons resultados e metas elevadas.	☐ Enfatiza e transmite o medo de falhar. Estabelece metas sem margem de falha.
☐ Reafirma a força e as habilidades do funcionário. Confia no sucesso.	☐ Exprime sérias dúvidas quanto à capacidade e limites do funcionário, ou reduz a autoridade arbitrariamente.
☐ Encoraja a participação do funcionário na definição de metas e objetivos.	☐ Ele mesmo estabelece as metas e objetivos.
☐ Prontamente acata novas idéias e soluções criativas.	☐ Desencoraja tudo o que é novo ou inovador.
☐ Comunica-se livre e abertamente. Nada é ocultado.	☐ Retém informação para forçar que os funcionários lhe solicitem ajuda.
☐ Reconhece as conquistas e as reforça.	☐ Não reconhece o sucesso até que a instância superior o faça.
☐ Projeta as implicações de cada atribuição no futuro e assume as tarefas de acordo com esse entendimento.	☐ Concentra-se em metas de fácil obtenção e desencoraja o funcionário que visualiza desdobramentos no futuro.
☐ Encoraja os funcionários a avaliarem o seu desempenho e sugere melhorias.	☐ Relata a seus subordinados o que ocorreu de errado e as providências a serem adotadas.

CASO DE ESTUDO 5

A Delegação Desastrosa

Quando Jim assumiu o controle do grupo de sistemas na Divisão de Eletrônica, ele decidiu modificar o ambiente e, se fosse possível, as atitudes dos empregados. Seu antecessor não havia delegado de forma eficiente nem mostrara-se um bom comunicador. Seus subordinados não tinham praticamente trabalho algum a fazer, já que o supervisor era totalmente confuso.

Jim imediatamente começou a delegar atribuições (com um grau considerável de autoridade) que seu antecessor realizava pessoalmente. Os resultados o surpreenderam.

Seus subordinados pareciam julgar que ele estava pretendendo transferir *seu* trabalho para eles. Muitos reclamaram que não tinham sido treinados nem estavam sendo pagos para executar as tarefas delegadas. Seu procedimento habitual era trazer os problemas que surgiam para que Jim providenciasse a solução, por isso não compreenderam quando Jim declarou: "Não me tragam problemas, tragam soluções".

Você considera que Jim foi negligente em sua abordagem visando modificar a situação? Faça seus comentários no espaço abaixo.

_____

_____

_____

_____

_____

_____

_____

_____

Veja na página 79 os comentários do autor.

SEÇÃO 7

Problemas Potenciais da Delegação e Como Lidar com Eles

TIRA-DÚVIDAS DE QUEM DELEGA

Possíveis Problemas	Possíveis Soluções
1. O supervisor delega apenas as tarefas sem maior relevância.	Delegar apenas tarefas sem importância gera ressentimentos. Mescle com algumas tarefas interessantes e mantenha um bom relacionamento.
2. Os funcionários recusam a tarefa sob a alegação de que não sabem realizá-la.	Ofereça treinamento quando necessário, ou fracione o trabalho e deixe que lidem com o máximo de membros que puderem. Vá acrescentando à medida que trabalham.
3. Os funcionários alegam estar ocupados.	Se é verdade, pense em dar a tarefa para outra pessoa, mas preste atenção em sua carga de trabalho.
4. A tarefa é repetitiva, mas é melhor delegar do que fazer você mesmo.	Fique esperto. Pelo menos deixe que alguém comece a aprender o processo. Logo estarão executando a tarefa por completo. De outra maneira você não sairá do lugar.
5. "A gestão de alto nível requer que eu assine essas promissórias e outros documentos básicos como a remessa e recebimento de formulários."	Peça à gerência para mudar a política para que os funcionários que acompanham a tarefa mais de perto possam assinar. Você provavelmente já afirmou a eles que não há nada de errado com isso.
6. "Se esse projeto der pouco retorno, vou ficar aborrecido."	Seu trabalho é permitir que os funcionários se desenvolvam assumindo novos desafios. Podem cometer alguns enganos, mas aprenderão com os mesmos. Você pode minimizar os erros mais graves utilizando níveis adequados de delegação.
7. "Se meus subordinados podem realizar trabalhos difíceis é porque não precisam de mim."	O gerenciamento precisa desesperadamente de gerentes que extraiam os melhores desempenhos de seus subordinados. Prossiga com o excelente trabalho!

TIRA-DÚVIDAS DE QUEM DELEGA
(Continuação)

Possíveis Problemas	Possíveis Soluções
8. "Meu superior espera que eu execute a tarefa pessoalmente."	Se esse for o seu caso, é melhor que aja assim, mas primeiro verifique com seu chefe. Ele pode apenas estar desejando que seja feito, não importa por quem.
9. "Perderei a prática se delegar todas as tarefas."	Os gerentes precisam aprender a administrar. Precisam ensinar a seus funcionários as habilidades necessárias para executarem bem o trabalho.
10. "Se eu delegar todo o trabalho, não terei o que fazer."	Volte sua atenção para o planejamento, organização, motivação e controle
11. "Não posso julgar se o trabalho está sendo bem executado ou não, porque não entendo como funciona."	Procure se informar a respeito de novas áreas para fazer as perguntas corretas e assimilar as respostas.
12. Os funcionários que receberam atribuições delegadas retornam em busca de aconselhamento e auxílio.	Sempre que um funcionário pergunta como executar uma tarefa, peça que ele explique como a executaria. Elogie as respostas corretas. Se tiver certeza de que pode lidar com o problema, ou há uma margem de risco pequena, não o ajude, desta forma ele vai desenvolver autoconfiança.
13. Alguns funcionários estão sobrecarregados enquanto outros não têm o que fazer.	O supervisor está repassando o trabalho para aqueles em quem mais confia e deixando sem trabalho aqueles em quem não confia tanto. É vital contrabalançar o trabalho e aumentar o nível de confiança para testar a capacidade de todos.

TIRA-DÚVIDAS DE QUEM DELEGA
(Continuação)

Possíveis Problemas	Possíveis Soluções
14. Os funcionários não compreendem os objetivos e padrões da organização.	Explique aos funcionários o que está em jogo e a razão do trabalho. Sempre que possível, faça com que o funcionário participe do estabelecimento de metas e padrões.
15. "Ninguém executa o trabalho como eu."	Concentre-se em obter os resultados corretos e conviva com as diferenças. Pode ser que até aprenda algo novo.
16. O supervisor delega tudo ou nada.	Repasse os níveis de delegação descritos na página 49 e aprenda a aplicá-los.
17. O supervisor delega o trabalho mais elementar ao pessoal mais qualificado.	Algumas vezes é necessário, mas é prática comum porque os supervisores temem que ocorram erros. Escolha um nível de delegação que combine com o funcionário e com a situação. Alguns erros vão ocorrer; é com eles que se aprende. Sobrecarregar seus melhores funcionários é um erro imperdoável.
18. O supervisor e o subordinado não concordam em alguns aspectos da delegação.	Reveja e esclareça os objetivos, para certificar-se de seu entendimento. Delegue segundo essa revisão. Não crie caso. Faça o acompanhamento, quando necessário, para verificar se os resultados corretos estão sendo obtidos.
19. O desempenho do funcionário está colocando em risco o sucesso da operação.	Identifique o motivo e tome a atitude certa. Pode, se necessário, modificar o nível de autorização e dar mais apoio. Uma atitude negligente pode aniquilar a confiança do funcionário.
20. Os prazos não estão sendo cumpridos.	Revise os objetivos, padrões e prioridades com o funcionário. Identifique as razões para a perda de prazos e adote medidas corretivas.

SEÇÃO 8

Revisão e Compromisso com o Futuro

PARABÉNS

Você completou as atividades e exercícios deste livro. É hora de avaliar seu progresso. Quais das afirmativas da página seguinte são verdadeiras e quais são falsas?

REVISÃO

Responda as questões a seguir (verdadeiro ou falso):

Verdadeiro Falso

_____ _____ 1. Muitos gerentes se excedem na delegação.

_____ _____ 2. A delegação é uma manobra indispensável de administração.

_____ _____ 3. É correto delegar tarefas que você não aprecia.

_____ _____ 4. A delegação é indispensável para o desenvolvimento dos funcionários e para o incremento da produtividade.

_____ _____ 5. Os funcionários apreciam sua intervenção nas decisões deles.

_____ _____ 6. A lista de tarefas que um gerente não pode delegar é bastante extensa.

_____ _____ 7. Funcionários não gostam de gerentes que delegam.

_____ _____ 8. Quando você cresce, é necessário delegar tarefas operativas que você executava pessoalmente.

_____ _____ 9. A delegação é o único meio para utilizar e incentivar a criação de novos talentos.

_____ _____ 10. Os gerentes precisam sempre delimitar as áreas-chave de atuação, quando da delegação.

_____ _____ 11. A delegação é uma ação positiva que requer pouca cogitação ou preparação.

_____ _____ 12. Você não sabe realmente o que as pessoas são capazes de realizar, até lhes dar a chance de fazer dentro das condições apropriadas.

_____ _____ 13. As secretárias devem restringir-se a redigir, organizar e atender telefones.

_____ _____ 14. O ponto central do processo de delegação é a interação entre supervisor e funcionário quando a atribuição é delegada.

_____ _____ 15. Um erro comum de administração é não delegar a autoridade compatível com a tarefa a ser executada.

_____ _____ 16. O objetivo da delegação é a realização completa e satisfatória da tarefa delegada, apesar dos esforços dos funcionários encarregados de executá-la.

_____ _____ 17. Treinar os funcionários para solucionarem problemas ajuda a prepará-los para a delegação.

_____ _____ 18. Sempre que você realiza uma tarefa que outro poderia realizar, deixa de realizar alguma tarefa que apenas você poderia realizar.

Compare as suas respostas com as do autor na página seguinte.

RESPOSTAS DA REVISÃO

1. Falsa. Exemplifique cinco pessoas dentro do seu círculo de conhecimentos.
2. Verdadeira. Se você não está delegando, você não está gerenciando.
3. Verdadeira. Oportunidades são muito boas, você descobre quem sabe aproveitá-las. Normalmente não executamos muito bem aquilo de que não gostamos.
4. Verdadeira. Tente, você vai apreciar os resultados.
5. Falsa. Você gosta disto?
6. Falsa. Faça uma lista. Você vai se espantar como ela é pequena (se for honesto).
7. Falsa. Pesquisas demonstram justamente o contrário.
8. Verdadeira. Se você não fizer, deixará de progredir ou desaparecerá.
9. Verdadeira. Se você não delegar, não haverá mais criatividade.
10. Verdadeira. Obter resultados nas áreas-chave é o objetivo de seu trabalho.
11. Falsa. Estudo e preparação asseguram o sucesso.
12. Verdadeira. Todos precisam de uma chance para demonstrar sua capacidade.
13. Falsa. Eles geralmente são capazes de muito, muito mais.
14. Verdadeira. Este é o ponto crucial.
15. Falsa. Freqüentemente é tudo ou nada.
16. Verdadeira. Muita interferência prejudica o resultado.
17. Verdadeira. Isto tornará sua vida muito melhor.
18. Verdadeira. E não se esqueça disso.

DEZ ARMADILHAS PARA SE EVITAR

Evite as dez armadilhas listadas na página seguinte.

DEZ ARMADILHAS PARA SE EVITAR

Assinale aquelas que você pretende evitar.

- [ ] 1. Pensar que você é capaz de realizar tudo sozinho.

- [ ] 2. Dificuldade em delegar aos empregados tarefas desafiadoras com amplitude suficiente para conduzi-los.

- [ ] 3. Selecionar displicentemente qualquer nível de autoridade quando atribui um projeto.

- [ ] 4. Delegar tarefas a funcionários destreinados e inexperientes.

- [ ] 5. Monopolizar tarefas não pertinentes à gerência que outros poderiam realizar.

- [ ] 6. Falta ou excesso de acompanhamento.

- [ ] 7. Reter informação vital à atribuição delegada.

- [ ] 8. Dificuldade em reconhecer as realizações dos funcionários.

- [ ] 9. Sobrecarregar seu melhores e mais confiáveis funcionários, por não haver treinado ninguém mais.

- [ ] 10. Negar-se a fazer uma avaliação crítica junto com um funcionário, após a execução de uma tarefa especial para verificar o que ambos aprenderam.

CHECKLIST DA DELEGAÇÃO

A seguinte *checklist* foi criada para orientar o gerente no processo de delegação.

1. **PREPARAÇÃO INDIVIDUAL**

Procedi uma revisão em meu trabalho e detectei ou identifiquei:

____ meus deveres e responsabilidades
____ áreas de resultados-chave
____ objetivos
____ tarefas gerenciadas x trabalho operacional
____ as atribuições que posso delegar

2. **PLANEJANDO A DELEGAÇÃO**

Planejei a delegação e estabeleci ou considerei:

____ os objetivos a serem atingidos
____ as datas de conclusão
____ os padrões a serem adotados
____ o poder de decisão solicitado
____ a quantidade de autoridade a ser delegada
____ o orçamento e outros recursos necessários
____ o grau de envolvimento que desejo ter
____ qual o *feedback* que pretendo e para quando
____ a pessoa a quem vou delegar

3. **ESCOLHENDO A PESSOA CERTA**

Selecionei um funcionário após considerar:

____ a quem o trabalho pertence segundo a lógica.
____ quem possui interesse ou habilidade para executar
____ quem vai considerar o trabalho como um desafio
____ quem vai aprender com a tarefa
____ quem foi negligente no passado
____ quem é mais qualificado
____ quem tem tempo disponível
____ quem executará melhor a tarefa

4. DELEGANDO

Quando eu comunicar a delegação, devo:

___ descrever a tarefa e os resultados esperados
___ estabelecer acordo sobre padrões de performance e escalonamentos
___ determinar a necessidade de treinamento e quando ele será fornecido
___ determinar a quantidade e freqüência de *feedback* que espero
___ definir parâmetros e recursos, inclusive orçamento
___ divulgar os níveis de autoridade
___ comunicar a todos quem está no comando da tarefa

5. ACOMPANHANDO

Acompanharei o processo:

___ estabelecendo relatórios compatíveis e revendo escalas
___ respeitando o nível de delegação atribuída
___ mantendo comunicação livre e aberta
___ oferecendo apoio ao funcionário em tudo que precisar
___ encorajando e incentivando o potencial e as habilidades do funcionário
___ reconhecendo as conquistas
___ interferindo apenas quando for *absolutamente* necessário

DESENVOLVER UM PLANO PESSOAL DE AÇÃO

Reflita sobre o material que você leu. Faça uma revisão dos questionários de auto-análise e da página de oportunidades perdidas. Repense os casos de estudo e os exercícios de fixação. O que você aprendeu a respeito de delegação? O que aprendeu sobre si mesmo ao delegar? De que maneira você poderá aplicar o que aprendeu? Comprometa-se consigo mesmo a melhor delegar, bem como gerenciar de forma mais eficiente, traçando um plano pessoal de ação para ajudá-lo a atingir essa meta.

As orientações a seguir podem auxiliá-lo a esclarecer seus objetivos e esboçar as ações necessárias para atingi-los.

1. Minhas habilidades para delegar são eficazes nos seguintes campos:

   _____

   _____

2. Preciso aprimorar meu talento para delegar nas seguintes áreas:

   _____

   _____

3. Minhas metas para aperfeiçoar minha capacidade na área de delegação são as seguintes (esteja certo de que essas metas são específicas, atingíveis e mensuráveis):

   _____

   _____

4. Essas pessoas são fontes que me ajudarão a atingir minhas metas:

   _____

   _____

5. A seguir está meu plano de ação, junto com a escala de obtenção de cada uma das metas:

   _____

   _____

RESPOSTA AOS CASOS DE ESTUDO

CASO DE ESTUDO 1 – O Administrador "Faça Você Mesmo"

A supervisora de Joanne não perdeu tempo para abordar o assunto principal. Simplesmente pediu a ela que falasse sobre sua carga de trabalho e a de seus subordinados. O contraste tornou óbvio o problema. Quando Joanne explicou a situação à sua chefe, ela não acreditou na funcionária. Sugeriu a Joanne que examinasse seus subordinados e seus registros passados. A maioria deles era de grandes realizadores quando lhes era dada a oportunidade de demonstrar. Ela concluiu que Joanne deveria estar receosa em perder a autoridade e talvez até apreciasse mais trabalhar do que "administrar" o trabalho alheio. Foi aí que Joanne admitiu que talvez não soubesse descentralizar as tarefas e continuasse a centralizar o controle. A discussão foi concluída com Joanne concordando que deveria assistir a uma palestra sobre delegação e trabalhar em conjunto com sua supervisora quando se sentisse insegura quanto ao procedimento.

CASO DE ESTUDO 2 – Pressionado pelo Orçamento

Jack precisava ter controle total do processo orçamentário de sua divisão para obter o controle das operações. Ele deveria manter alguns membros do *staff* responsáveis por sua parte no orçamento e tê-los dentro de certos padrões. Isso significa que devem participar no desenvolvimento do orçamento e seu gerenciamento diário.

O assistente administrativo de Jack poderia ter recebido atribuições para reunir o orçamento juntamente com o auxílio e consumo das divisões principais. Quando eles consideram que está completo, apresentam o orçamento para Jack para que o revise e aprove para depois acompanhar o processo para certificar-se de que todos estão no caminho certo.

CASO DE ESTUDO 3 – Fazendo Escolhas

Foi bom que Susan tivesse identificado o esforço de Mary Wong e tenha delegado a ela. No entanto, ela pode ter delegado tarefas demais a ponto de Mary ter recebido uma parcela injusta do volume de trabalho enquanto os demais, funcionários deixaram de aprender porque não tinham trabalho nenhum a fazer. Contrabalançar as tarefas entre os funcionários é sempre muito difícil, especialmente quando você sabe que um ou dois funcionários dão conta do trabalho enquanto delegar a outros seria um risco. Mas você pode reduzir essa margem de risco ao atribuir tarefas a funcionários cujo trabalho não conhece bem através de um planejamento cuidadoso da delegação, acompanhando o processo de perto, e oferecendo treinamento quando necessário. Caso contrário, você e suas "Mary Wongs" farão todo o trabalho importante e complexo enquanto seus outros funcionários vão se estagnar.

CASO DE ESTUDO 4 – O Dilema dos Dados Incompletos

Assim como muitos gerentes, Marla está delegando autoridade suficiente a pessoas competentes para que o trabalho seja bem feito. Infelizmente, ela não está esclarecendo às demais pessoas envolvidas quem está à frente das investigações, e isso fez com que grande parte da alimentação de dados estivesse sendo feita por ela em vez de pelo funcionário responsável pelo projeto. Apesar de seus esforços para traduzir a informação e repassá-la rapidamente, ela tornou-se um entrave na comunicação. Suas traduções podem não ser muito perfeitas, e suas intervenções evitam que o funcionário que precisa de informação faça perguntas ou requeira informação adicional. Seus funcionários tornam-se defensivos quando ela os critica por não lidarem bem com a informação porque ela é justamente a causa dessa situação, o que eles temem em contar a ela.

CASO DE ESTUDO 5 – A Delegação Desastrosa

Jim será elogiado por haver reconhecido a necessidade de delegar, porém, agiu rápido demais e sem preparar os funcionários devidamente.

Jim deveria ter aproveitado o tempo para estreitar contato com cada funcionário e aprender algo sobre suas necessidades, habilidades e metas. Igualmente teria sido útil se tivesse compartilhado seu estilo gerencial e metas pessoais para organização. Certamente teria sido menos preocupantes para os funcionários se o aumento de tarefas delegadas tivesse sido gradual e com sua participação na determinação do nível de autoridade que receberiam, já que demonstravam não compreender o significado da delegação, além de não estarem seguros quanto a sua capacidade para assumir novas atribuições.

NOTAS

PARA ADQUIRIR OUTROS LIVROS DA SÉRIE
CINQÜENTA MINUTOS, VEJA O FINAL DESTE LIVRO

Mentoring
Autor: Gordon F. Shea
Preço: R$ 16,00/Págs. 104/Formato: 20,5 x 25,5 cm.
ISBN: 85-7303-309-6
Sinopse: O livro orienta aos profissionais como definir seu próprio estilo mentoring; como compreender as necessidades e expectativas do mentoreado; sobre que comportamentos evitar no mentoring; e como desenvolver um acordo envolvendo mentor e mentoreado.

Visão, Valores e Missão Organizacional: Construindo a Organização do Futuro
Autores: Cynthia D. Scott/Dennis T. Jaffe/Glenn R. Tobe
Preço: R$ 16,00/Págs. 124/Formato: 20,5 x 25,5 cm.
ISBN: 85-7303-189-1
Sinopse: O propósito deste livro é dar ao leitor uma compreensão do processo de criação da visão e da importância dos valores do indivíduo, do grupo e da organização. A obra mostrará como estes elementos se encaixam para criar uma organização coerente, alinhada e produtiva.

Empowerment: Um Guia Prático para o Sucesso
Autores: Cynthia D. Scott/Dennis T. Jaffe
Preço: R$ 16,00/Págs. 104/Formato: 20,5 x 25,5 cm.
ISBN: 85-7303-193-X
Sinopse: O livro mostra como criar uma organização com empowerment, aumentando a competitividade e a lucratividade, realçando, assim, o valor da contribuição das pessoas na sua empresa, grupo ou equipe de trabalho. Através desta obra os gerentes poderão entender e liderar pessoas, a partir do momento que crie um novo tipo de ambiente de trabalho.

Organizando Seu Local de Trabalho: Um Guia para Produtividade Pessoal
Autora: Odette Pollar
Preço: R$ 16,00/Págs. 100/Formato: 20,5 x 25,5 cm.
ISBN: 85-7303-185-9/Ano: 1998
Sinopse: A autora ensina nesta obra técnicas práticas para que os profissionais aprendam a se organizar e mudar seus hábitos em relação ao seu ambiente de trabalho. Odette Pollar mostra que para organizar-se é preciso primeiro aprender a classificar, analisar e categorizar papéis e, depois, manter-se organizado. Segundo ela, o acúmulo de papéis começa quando se demora a tomar a decisão que permitirá ao documento continuar seu ciclo de vida.

Tomando Decisões de Maneira Criativa: Usando a Incerteza Positiva
Autora: H. B. Gelatt
Preço: R$ 16,00/Págs. 88/Formato: 20,5 x 25,5 cm.
ISBN: 85-7303-186-7
Sinopse: Este livro assume o desafio de reunir a doutrina da tomada de decisão da ciência clássica e os insights da ciência moderna para reposicioná-los num processo flexível e equilibrado. A autora recomenda uma abordagem paradoxal para tomar decisões em relação ao futuro quando você não souber o que ele será.

Influência: Como Promover a Cooperação no Ambiente de Trabalho
Autora: Elaina Zuker
Preço: R$ 16,00/Págs. 92/Formato: 20,5 x 25,5 cm.
ISBN: 85-7303-163-8
Sinopse: O objetivo desta obra é ajudar o leitor a compreender e identificar seu estilo individual de influenciar e como juntamente com os outros processam a informação. Esta informação irá melhorar suas habilidades de comunicação e sua capacidade de ouvir, possibilitando-lhe exercer maior influência sobre as pessoas e fazendo com que elas confiem em você e apóiem suas idéias.

Coaching e Aconselhamento: Um Guia Prático para Gerentes
Autor: Marianne Minor
Preço: R$ 16,00/Págs. 72/Formato: 20,5 x 25,5 cm.
ISBN: 85-7303-084-4
Sinopse: Este livro é um manual prático destinado ao autotreinamento. Ele apresenta os conceitos básicos do coaching e aconselhamento, técnicas muito utilizadas no exterior para motivar, ensinar, comandar e influenciar pessoas e equipes.

Atitude – O Mais Valioso de Todos os Seus Bens
Autor: Elwood Chapman
Preço: R$ 16,00/Págs. 88/Formato: 20,5 x 25,5 cm.
ISBN: 85-7303-071-2
Sinopse: O autor diz que uma atitude positiva pode fornecer ganhos mais altos de energia, maior criatividade e uma perspectiva melhor. A obra mostra que este tipo de atitude cria um estado de espírito para enfrentar os problemas, enquanto uma atitude negativa é capaz de "apagar" pessoas que, a princípio, teriam tudo para se destacar.

Aumentando Sua Produtividade
Autor: Kurt Hanks
Preço: R$ 19,00/Págs. 136/Formato: 20,5 x 25,5 cm.
ISBN: 85-7303-025-9
Sinopse: Esta não é uma obra convencional sobre administração de empresas. Ela é uma ferramenta que ajudará o leitor a melhorar sua produtividade, fazendo com que os líderes achem soluções onde antes só havia incertezas, ou escuridão e desemprego.

Navegador de Mudanças, O
Autor: Kurt Hanks
Preço: R$ 22,00/Págs. 152/Formato: 20,5 x 25,5 cm.
ISBN: 85-7303-153-0
Sinopse: Neste livro, o autor apresenta um método que desenvolveu para ajudar as pessoas a modificarem suas atitudes e responder de forma mais eficaz às mudanças. Hanks afirma que a maioria das pessoas nunca vê realmente o que está acontecendo, apenas olha fixamente para suas noções preconcebidas e reações anteriores, e vê somente como as coisas deveriam ser, ao invés de como realmente são.

Como Acalmar Clientes Irritados
Autora: Rebecca L. Morgan
Preço: R$ 16,00/Págs. 104/Formato: 20,5 x 25,5 cm.
ISBN: 85-7303-237-5
Sinopse: Este título integra a **Série Crisp 50 Minutos**, destinada ao auto-treinamento e à preparação de equipes. Escrito de forma simples e com muitas ilustrações, o livro permite uma leitura rápida e traz uma série de exercícios que ajudam o leitor a medir o grau de compreensão do texto e a avaliar seu comportamento no atendimento aos clientes.

Cortesia ao Telefone e Atendimento ao Cliente
Autor: Lloyd C. Finch
Preço: R$ 16,00/Págs. 80/Formato: 20,5 x 25,5 cm.
ISBN: 85-7303-215-4
Sinopse: Esta obra ensina técnicas para um atendimento eficaz pelo telefone. Ciente de que prestar um atendimento de Qualidade ao cliente é a chave para o sucesso máximo de qualquer organização, o autor aborda desde a questão do tom da voz até as respostas e perguntas corretas na condução de uma venda.

Excelência no Atendimento a Clientes, A
Autor: Richard Gerson
Preço: R$ 16,00/Págs. 102/Formato: 20,5 x 25,5 cm.
ISBN: 85-85360-97-6
Sinopse: Esta obra ensina os empreendedores de todos os portes a transformar os serviços de atendimento a clientes em serviços de manutenção de clientes. O autor mostra que muitas empresas compreendem o custo de obter um cliente, mas não entendem o custo de perdê-lo. É uma ferramenta indispensável àqueles que desejam assegurar a competitividade de seus negócios, encantando os clientes.

Satisfação do Cliente – A Outra Parte do Seu Trabalho
Autor: Dru Scott
Preço: R$ 16,00/Págs. 128/Formato: 20,5 x 25,5 cm.
ISBN: 85-85360-96-8
Sinopse: O livro estimula as pessoas a trabalharem como parceiras dentro das organizações, para beneficiar os clientes dela. A autora mostra que a organização que satisfaz seus clientes ganha direito à sobrevivência, tem equipes motivadas e obtém o máximo retorno do seu investimento.

**Entre em sintonia
com o mundo**

**QualityPhone:
0800-263311**
Ligação gratuita

**Rua Teixeira Júnior, 441
São Cristóvão
20921-400 — Rio de Janeiro — RJ
Tel.: (0XX21) 3860-8422
Fax: (0XX21) 3860-8424**

**www.qualitymark.com.br
E-Mail: quality@qualitymark.com.br**

Dados Técnicos	
Formato:	20,5 x 25,5
Mancha:	16 x 21,5
Corpo:	11
Entrelinhamento:	13
Total de páginas:	96